AF689101

SPREADING POSITIVITY

एक नया नज़रिया

Dr. RAVI JAIN

BookLeaf Publishing
India | USA | UK

Copyright © Dr. RAVI JAIN
All Rights Reserved.

This book has been self-published with all reasonable efforts taken to make the material error-free by the author. No part of this book shall be used, reproduced in any manner whatsoever without written permission from the author, except in the case of brief quotations embodied in critical articles and reviews.
The Author of this book is solely responsible and liable for its content including but not limited to the views, representations, descriptions, statements, information, opinions, and references ["Content"]. The Content of this book shall not constitute or be construed or deemed to reflect the opinion or expression of the Publisher or Editor. Neither the Publisher nor Editor endorse or approve the Content of this book or guarantee the reliability, accuracy, or completeness of the Content published herein and do not make any representations or warranties of any kind, express or implied, including but not limited to the implied warranties of merchantability, fitness for a particular purpose.
The Publisher and Editor shall not be liable whatsoever...

Made with ❤ on the BookLeaf Publishing Platform
www.bookleafpub.in
www.bookleafpub.com

Dedication

To my daughter Sfurna

&

my better half Shruti!!!

Preface

Spreading Positivity is my brain child. It began in the Covid days when everyone was scared of positivity. We all need a dose of Positivity in our life. We need to look at the better, greener side of the picture. We need to look at opportunities and convert moments into memories. Positivity can uplift our spirits, make us a better human being first and then successful in our ventures and adventures in personal and professional life as well. This book shall take you through a journey of Positivity, from nature to patriotism, from life lessons to few questions. Spreading Positivity is a reminder of the purpose of your life. It's an inquest into your own journey of life posing you some simple questions like:

Whether in the pursuit of excellence, have we forgotten to enjoy? Whether there's a place for mediocrity in today's era? Whether there's a space for natural intelligence in today's era of artificial intelligence? Whether tranquility still holds importance in our lives in the technology era? This book just doesn't have rhymes, it has echoes inside which shall awaken you, enlighten you and enrich you. It shall not hammer you with philosophy but shall just give a soothing, refreshing feeling like we feel after a shower or getting drenched in the first rain!

Let's just not read the poems, let's feel and cherish the magic!

Spreading Positivity

यह सिर्फ किताब नहीं है, यह एक आइना है, एक एहसास है, एक तवजू है, एक तराजू है, एक सफर है, एक मंजिल है, एक लक्ष्य है, एक हार है, एक जीत है, एक हौंसला है, एक उम्मीद है! जिंदगी के कुछ पड़ावों का, कुछ

कामयाबियो तथा नाकामयाबियों का तराना है! यह आपको अपने से मिलवाने की साजिश है, खुद के करीब ले जाने की कोशिश है तथा खुश रहने की तरकीब है! यह भाषा से नहीं, भावों की अभिव्यक्ति, अनुभूति तथा तृप्ति है। दिलों के बीच जो संवाद अधूरे रह जाए उन्हें पूरा करने का संदेश है। उम्मीद है आप तक मेरे स्वर मधुर तरह से पहुंच सके!

Acknowledgements

Writing has been a hobby since childhood days. Under my pen name RJ ROCKS. I have penned close to 1000 poems in languages like English, Hindi, Gujarati and Marathi. Most of my poems have been read by many of my friends, family, teachers and patients who have always shown their immense appreciation, admiration and applause. I acknowledge all my readers for endorsing my writings. I acknowledge BOOKLEAF Publication house for making publishing easy and lovable process. My better half Shruti and adorable daughter Sfurna carry a special place in my heart for inspiring me always. I apologize for shortcomings if any.

This book is sequel to my previous poetry editions **"Straight from the heart"** and **"Antahsfoorna"** and shall be a prequel to my next version of verse consisting of short essays on **"Spreading Positivity".**

1. OPERATION SINDOOR

जो अब ना खौला खून
तो खून नहीं पानी है
जो अब ना उबला ज़िगरा
तो ख़ुद से बेईमानी है

हिंदू नहीं मुसलमान नहीं
हर दिल हिंदुस्तानी है
सिंदूर की क़ीमत
सारे विश्व ने जानी है
फ़क्र से कहो
हम हिंदुस्तानी हैं

2. WOMEN'S CRICKET WORLD CUP 2025

करोड़ों दिलों के जुनून
की **हिमाकत है,**
यह सारी दुनिया से लड़कियों
की **बगावत है**,
तिरंगे के परचम की
दस्तखत है,
सच्चे दिल से मांगी हुई और
पूरी हुई आज **इबादत है!**

Proud of you
WOMEN'S WC2025 TEAM!!

3. SAHI VAKT

सही वक़्त का
कोई वक़्त नहीं होता,
जिस वक़्त
जो सही लगे
उसे ही
सही वक़्त कहते हैं!
Spreading Positivity

4. HAPPY DIWALI

दिवाली

कितने दिनों में आती है,
और एक पल में निकल जाती है!

उम्मीदों के दिए सजाती है,
खुशियों की रोशनी फैलाती है,

ठंड की पहली लहर लाती है,
अपनों के संग वक़्त बिताती है,

पुरानी दराजों में से यादें ढूंढ लाती है,

मन के जालों को साफ़ कर उजाले दे जाती है,

कहीं रंगोली के रंगों से तो कहीं मिलने जुलने से
जीवन में मिठास बढ़ाती है,

कहीं छुट्टियों में घूमने से तो कहीं घर पर रहने से
हर किसी को फिर से जीना सीखा जाती है!

दीवाली कितने दिनों में आती है
और एक पल में निकल जाती है!

Spreading Positivity!

5. STAYING SIMPLE

Let the world amuse you
And the surroundings surprise,
Let your presence be a fragrance
And every day a scintillating
sunrise,
Let you smile like a flower
And shine like a sparkle,
Let your vibes be so positive
That life becomes simple,

Because...

Staying simple

Is the most complicated thing

today!!!

Spreading Positivity!

6. Happy Teacher's Day!

A true Teacher
Just doesn't teach you what is
right,
He also teaches you what is
wrong!
He just doesn't let you know
What's your actual **might,**
He prepares you so much
That you yourself alone can
fight,
He gives you the **6th sense**,

To live the present & future
tense,
To enjoy and cherish
Work and life both
Without actually getting tensed!
True teachers are rare!
Respect them, Cherish them!!!
Happy Teacher's Day!

Spreading Positivity!

7. KING KOHLI

When you live with a dream,
When you live for that dream,
When you give in everything
for your dream,
When everyone around
Celebrates your dream,
When everyone believes
In you & your dream,
When your efforts & intensity
Destine your dream,

It's once in a lifetime
When eyes are open
It's actually true & not a dream!!!
KING KOHLI!!!

Spreading Positivity!

8. SHIV

शिव **वैराग्य** है
शिव **भाग्य** है,
शिव **तांडव** है,
शिव **आर्जव** है,
शिव **शक्ति** है,
शिव शक्ति की **भक्ति** है
शिव **भोले** है
शिव **कैलाश** है,
शिव गणेश की **परिक्रमा** है
शिव स्वराज की **तलाश** है,

शिव डमरू का **नाद** है
शिव के स्मरण से मात्र
अखंड शक्ति का **प्रसाद** है!
हर हर महादेव!

Spreading Positivity!

9. VANDE MATARAM

मन की आजादी
वचन की आज़ादी
विचारों की आज़ादी
विकारों से आज़ादी
बुरे भाव से आज़ादी
अलगाव से आज़ादी
हौंसले की आज़ादी
उम्मीदों की आजादी
सपनों की आज़ादी
अपनों की आज़ादी

दिल से जीने की आज़ादी
वतन के लिए जीने की आज़ादी
वतन के लिए क़ुर्बान ज़िंदगानी!
वंदे मातरम !

Spreading Positivity!

10. FREEDOM

जीवन ऐसा जियो
की worth लगे
ना कि ऐसा
की व्यर्थ लगे।

संघर्ष करो
चाहे उत्कर्ष करो
जो भी करो
सहर्ष करो।

संवाद करो

चाहे विवाद करो,

मन को बेड़ियों से

खुद को आज़ाद करो।

Spreading Positivity!

11. ISRO

चंद्र यान,
मंगल यान
नए भारत के हौंसले
नए भारत की पहचान!

विक्रम साराभाई, होमी भाभा,
अब्दुल कलाम
और न जाने कितनों के
सपनो की उड़ान!

अंतरिक्ष मे घूम रहे
उपग्रहों की वजह से
ज़िन्दगी हमारी
बनी आसान!

घर बैठे ओला उबेर गूगल मैप्स और
मोबाइल इंटरनेट पर हजारों ऍप्स
के पीछे हमारे वैगनानिको की
मेहनत से अनजान

ISRO यान नही है
यह तो है उन्नति की ओर प्रयाण
यह तो है आर्यभट्ट के
भारत का विज्ञान!

12. RAAM

राम **धर्म** नहीं हैं
राम **मर्म** हैं
राम **कर्म** नहीं हैं
राम **सत्कर्म** हैं।

राम **वर्ण** नहीं हैं
राम **सुवर्ण** हैं
राम **राग** नहीं हैं
राम **वैराग्य** हैं।

राम **दुविधा** नहीं हैं
राम **विद्या** हैं
राम **भीति** नहीं हैं
राम **अनुभूति** हैं।

राम **आदेश** नहीं हैं
राम **उपदेश** हैं
राम **विकार** नहीं हैं
राम **विचार** हैं।

राम **संहार** नहीं हैं
राम **संचार** हैं
राम **प्रकार** नहीं हैं
राम **आकार** हैं।

राम **मोह** नहीं हैं
राम **स्नेह** हैं
राम **अल्पविराम** नहीं हैं
राम **पूर्ण विराम** हैं।

राम **अहंकार** नहीं हैं
राम **स्वाभिमान** हैं
राम हिंदू के नहीं
पूरे भारत वर्ष के
पूरे ब्रह्मांड का **सम्मान** हैं।

Spreading Positivity!

13. JIVAN

जीवन
चिंतन है
मंथन है
सृजन है
बंधन है

भोग के साथ
भजन है
अर्पण है
अर्चन है

दिशा है
दर्पण है
समीक्षा है
समर्पण है

विरल है
विचक्षण है
परीक्षा है
पृथकरण है

नूतन है
नवीन है
मोक्ष है

और सही तरह से

जिया जाय तो

अनमोल जीवन है!

Spreading Positivity!

14. PAAN

मैं पान हूँ।।

कत्था हूँ
सुपारी हूँ
मुँह में भर लो तो
बिना होली के पिचकारी हूँ

लोंग हूँ
सौंफ हूँ
छोटे से पडीके में
नुक्कड़ के बाबूजी की होंशयारी हूँ

मैं पान हूँ।।

होठों की लाली हूँ
शायर की कव्वाली हूँ
लखनऊ से लेकर
गाज़ियाबाद तक
नवाबों की ताली हूँ

कलकत्ता की जान हूँ,
बनारस की पहचान हूँ,
थोड़ी इलायची थोड़ा जर्दा
स्वछ भारत की मैं शान हूँ।।

मैं पान हूँ।।

नेताजी के तेवर हूँ,
सरकारी मुलाजिम के तरीके हूँ,
शुभ भी हूँ नई बहू के
स्वागत के सलीके भी हूँ,

बड़े बूढ़े से लेकर बच्चो तक
किसी किसी की तो मैं जान हूँ,

मैं पान हूँ।।

खोले ये दिमाग के ताले
कितनो ने मेरे लिए कर्ज ले डाले
हूँ एक पत्ता महज मगर

मैं एक आदत हूँ
एक दुकान हूँ

मैं पान हूँ !

15. CHAAY

चाय

मिल जाये तो मज़ा है
ना मिले तो सज़ा है
किसी के लिए दवा है
तो किसी के लिए नशा है

कही कुल्लड़ में
तो कही प्याली में
कहीं कप सौसर में
तो कुछ तो पीते है थाली में

कभी प्रेशर बढ़ाती है
तो कभी कम कराती है
दिमाग हो या पेट
फ्रेश जरूर कराती है

सही उबाली जाए
तो कड़क लगती है
फीकी रह जाये
तो सिर्फ अदरक लगती है

दूध पानी चीनी और पत्ती
घुल कर मिल जाते है
खेतलापा जैसे स्टोल
सीसीडी को भी शर्माते है

कोई चाय बेचकर
प्रधानमंत्री बन जाता है
हर कोई चाय पे चर्चा कर
देश कैसे चलाये ये
बतलाता है

सुबह की पहली किरण
से लेकर शाम तक
चाय पे चर्चा है
ज़ी टीवी से लेकर आज तक

ग्रीन टी
लेमन टी
ब्लेक टी
आइस टी

डीप टी
और कुछ ना मिले
तो जी एस टी

अलग अलग हैं ज़ायके
अलग है हर किसी का अंदाज़
ना अमीरी देखे
न गरीबी देखे
ना मज़हब देखे
न देखे लिबाज़

कही कटिंग में
समाती है
कहीं लस्सी के ग्लास
में पूरी आती है

क्वार्टर हो या हो फुल
होश ठिकाने लगाती है

चाय बिस्कुट
चाय खारी
दुब जाए जब पार्ले जी
तो कहाँ गयी होशयरी
फिर तो उंगलियो से
उस बिस्कुट को खाना
ही अकलमंदी का नाम है
दोस्तो के ठहाको पे
यह भी एक जाम है
यह आम नही
चाय आम नही
चाय तो आवाम है

चाय के बिना न्यूज़ पेपर
जैसे गुठली के बिना आम है

सिर दर्द मिटाये
नई सोच जगाये
चीनी कम हो या ज्यादा
जीभ जरूर लप्लापाये

चाय पर मिलकर मित्र
करते जी भर गाली गलौज
दो चुस्की और कुछ ठहाको में
उत्तर जाता दिन भर का बोझ

चाय थेपला
चाय खाखरा

नियत समय जो न मिले
तो हो जाय मन बावरा

कोई कहे आदत
कोई कहे व्यसन
किसी के लिए झंझट
तो किसी के लिए रसम

कभी महेमान
नवाजी है
कभी अकेले खुद के साथ
रहने की आज़ादी है

दुनिया वैसे तो हमने
टुकड़ो में बांटी है
कभी कभी चाय के प्यालो में
उसे समेट कर बांधी है।।।

चाय के प्याले
और चाय पीने वालों के नाम।।।

SPREADING POSITIVITY!

16. CORONA WARRIORS

We fight without words,
We fight without swords,
We fight across borders,
We fight against terrors,
We fight against covid
We fight like true warriors.

We give life
We give hope,
We wipe tears,
We defeat fears.

Day in and
Day out
Sheer science
No tout.

We fight with might
With the spirits right,
We struggle day and night
Just to make you all right.

We are not God
We are not cheats,
We know the value
Of everyone's heart beats,

We wish not name
We wish not fame,
Just some respect
In your mind's frame,

We are not great,
We are not God,
We are the helping hands
Of the Almighty Lord!
We are the warriors!

17. ROAR LIKE A LION

When you are close
To the stop line,
Refresh the moment
When you started.

When you are about to
Touch the start line,
Relive the moment
When you halted.

When your perspiration
Gives you satisfaction,
Rejuvenate the moment
Which had desperation.

When you feel like
I can't take any more,
Rewind the memories
The cheers over your roar.

Roar like a lion,
Not like a cat,
If none gives you
You yourself give a pat!

Jump, rise and sprint
Every morning has a hint,
What you need is
Intentions and instinct!

SPREADING POSITIVITY

18. MATRUBHASHA

जिसमें बातचीत हो
उसे भाषा कहते हैं
जिसमें वार्तालाप हो
उसे मातृभाषा कहते हैं।

जिसमें प्रेम झलके
उसे मातृभाषा कहते हैं
जिसे बोलकर और सुनकर
पराया भी अपना लगे
उसे मातृभाषा कहते हैं।

जिसमें वाद विवाद नहीं
सच्चा संवाद हो
उसे मातृभाषा कहते हैं।

जिसमें संस्कृति के दर्शन हो
जिसमें संस्कार और अपनापन हो
जिस भाषा से लोगो को गले लगाए
उसे मातृभाषा कहते हैं।

मेरी मां मेरी भाषा
मेरी मातृभाषा ।

19. SABKA TIME AAYEGA

देखो कैसे जी रहे
जो रहे या मर रहे
मरते मरते जी रहे
या जीते जी मर रहे!

सांस लेते डर रहे
सांस लेकर मर रहे
खुली हवा के लिए
अब हम तड़प रहे!

हर फिक्र को तो हमने

धुएं में उड़ा दिया
उसी धुएं की बस
अब फिक्र कर रहे।
इस फिक्र का हर जगह
ज़िक्र कर रहे!

मर रहे
डर रहे
जीते जी मर रहे
देखो कैसे जी रहे!

पेड़ सारे कट रहे
जंगल सारे मिट रहे
नदी तलब सिमट रहे
बदल भी अब फट रहे।

धरती अपनी जल रही
प्लास्टिक को निगल रही
गर्मी से झुलस रही
प्यास अब न बुझ रही।

२४ओ घंटे बस
कूलर ऐ सी चल रहे
ना पेड़ की छाया है
न सुकून मिल रहे।

ना बरगद है
ना नीम है
बस धूप है
और सन स्क्रीन है।

हर सांस में घुटन है
हर घूंट में चुभन है
इंसान ही इंसान का
बन गया दुश्मन है।

हर चेहरे पर नकाब है
नकाब के पीछे राज़ है
हर आईने में दिखते
सिर्फ ख़ील और दाग हैं।

राते सारी काली हैं
ना होली ना दिवाली है
हर्वतरफ यह शोर है
कि द्वंढ भी घनघोर है

ना सुख है न चैन है
और अब तो
पटाखों पर भी बैन है।

आज जो यह हाल है
क्यों इतना बेहाल है,
मंडरा रहा क्या काल है,
सुलगता एक सवाल है।

आज जैसा बोएगा
कल वैसा पाएगा
आज नहीं बचाएगा
तो कल तू रोएगा

रोएगा रोएगा
खोएगा खोएगा
चैन से शाना लाला
कैसे तू सोएगा?

अपनी नहीं तो कम से कम
अपने बच्चों की तो सोच ले
वसीयत में उनका
क्या देकर जायेगा?

अपना टाइम नहीं बेटा
सबका टाइम आयेगा

यह पॉल्यूशन हम सबको
तड़पाएगा सताएगा

रुलाएगा मरवाएगा

सांसे लेकर आया है
खांस खांस कर जाएगा

अपना टाइम नहीं बेटा
सबका टाइम आयेगा!

20. FRIEND

A friend is someone who
Drops down anytime and says
Hi..
Comes to your rescue
Without asking why,
Who knows when you are true
and when do you lie,
Who has the guts to call you
Hathoda Sadu and Bheja fry,
But smiles with your success
and wipes your tears when you
cry!

True friends are rare!

21. LOVE

Love is *eternal,*
Love is *divine,*
Love is *magical,*
Love is *sunshine!*

Love yourself
Love your life
Love your journey
Love your stride!

Life is for once

Make it lovable

Love is forever

Make it memorable!

SPREADING POSITIVITY...

www.ingramcontent.com/pod-product-compliance
Lightning Source LLC
LaVergne TN
LVHW022026200926
848481LV00007B/2566
9781807156305